iskola - школа	2
utazás - подорож	5
közlekedés - транспорт	8
város - місто	10
táj - ландшафт	14
étterem - ресторан	17
szupermarket - супермаркет	20
italok - напої	22
étel - їжа	23
gazdálkodás - ферма	27
ház - дім	31
nappali - вітальня	33
konyha - кухня	35
fürdőszoba - ванна кімната	38
gyerekszoba - дитяча кімната	42
ruházat - одяг	44
iroda - офіс	49
gazdaság - економіка	51
foglalkozások - професії	53
szerszámok - інструменти	56
hangszerek - музичні інструменти	57
állatkert - зоопарк	59
sportok - спорт	62
tevékenységek - дії	63
család - сім'я	67
test - тіло	68
kórház - лікарня	72
vészhelyzet - аварійний випадок	76
föld - Земля	77
óra - годинник	79
hét - тиждень	80
év - рік	81
alakzatok - форми	83
színek - фарби	84
ellentétek - протилежності	85
számok - числа	88
nyelvek - мови	90
ki / mi / hogyan - хто / що / як	91
hol - де	92

Impressum
Verlag: BABADADA GmbH, Nedderfeld 112 , 22529 Hamburg
Geschäftsführer / Verlagsleitung: Harald Hof
Druck: Books on Demand GmbH, In de Tarpen 42, 22848 Norderstedt

Imprint
Publisher: BABADADA GmbH, Nedderfeld 112 , 22529 Hamburg, Germany
Managing Director / Publishing direction: Harald Hof
Print: Books on Demand GmbH, In de Tarpen 42, 22848 Norderstedt, Germany

iskola

школа

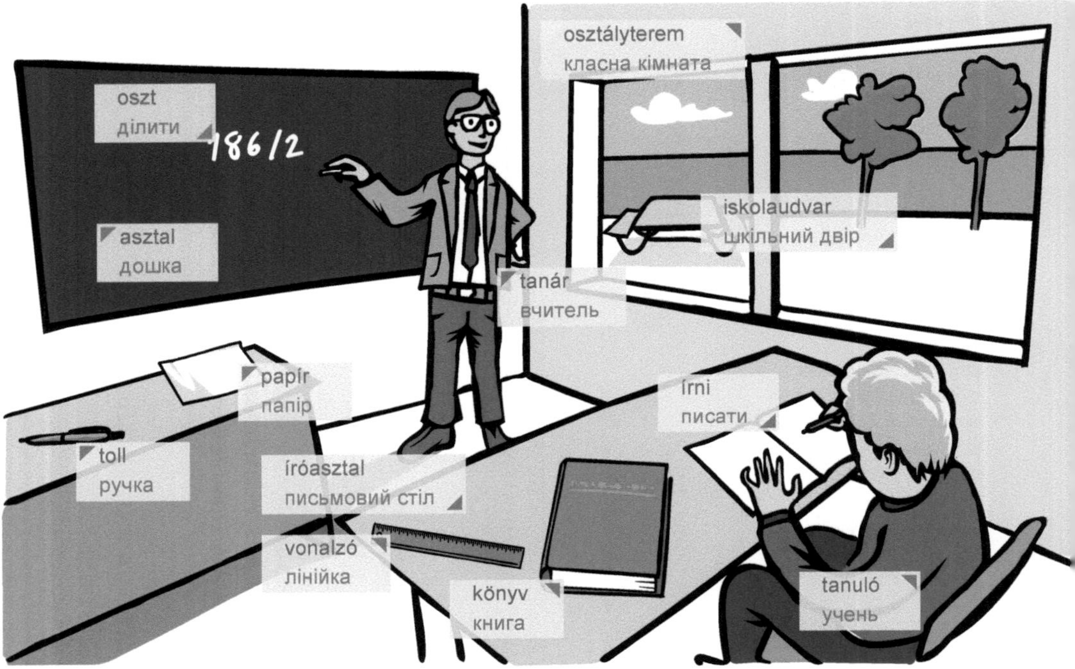
osztályterem
класна кімната
oszt
ділити
186/2
asztal
дошка
iskolaudvar
шкільний двір
tanár
вчитель
papír
папір
írni
писати
toll
ручка
íróasztal
письмовий стіл
vonalzó
лінійка
könyv
книга
tanuló
учень

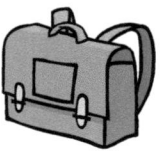

iskolatáska

ранець

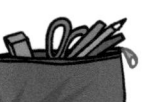

tolltartó

пенал

ceruza

олівець

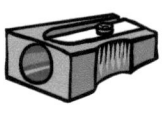

ceruzahegyező

точило

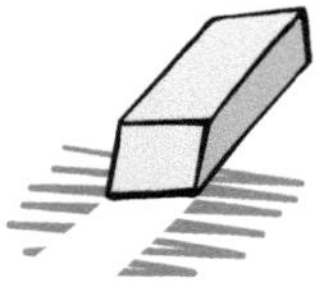

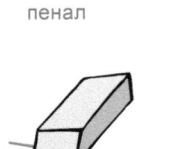

radír

гумка

rajzfüzet

альбом для малювання

rajz
малюнок

ecset
пензель

festőkészlet
коробка фарб

olló
ножиці

ragasztó
клей

munkafüzet
зошит

házi feladat
домашнє завдання

szám
число

2+2

összead
додавати

5-2

kivon
віднімати

2×2

szoroz
множити

számol
рахувати

A

betű
літера

ABCDEFG
HIJKLMN
OPQRSTU
VWXYZ

ABC
абетка

szó
слово

szöveg

текст

olvasni

читати

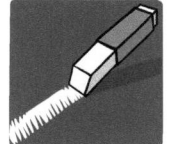

kréta

крейда

tanóra

година

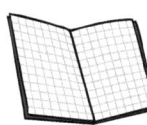

napló

класний журнал

vizsga

екзамен

bizonyítvány

диплом

iskolai egyenruha

шкільна форма

oktatás

освіта

enciklopédia

лексикон

egyetem

університет

mikroszkóp

мікроскоп

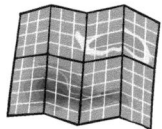

térkép

карта

papír-hulladék gyűjtő

кошик для паперу

utazás

подорож

hotel
готель
Grand
szállás
турбаза
ROOMS
EXCHANGE
valutaváltó iroda
обмінний пункт
bőrönd
валіза
autó
автомобіль

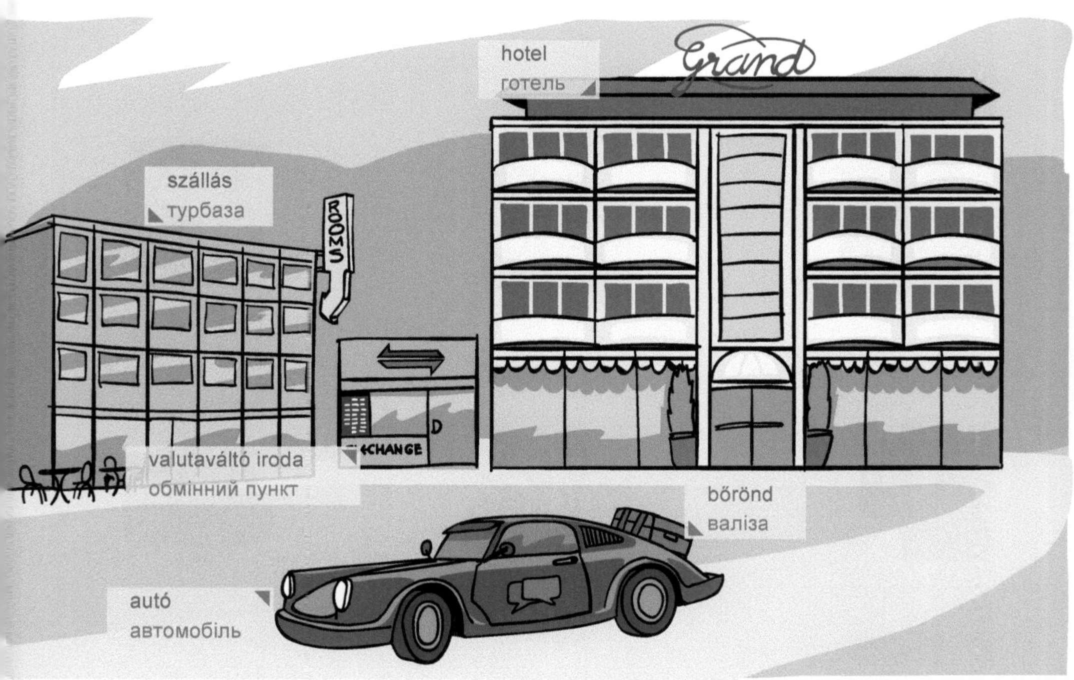

nyelv

мова

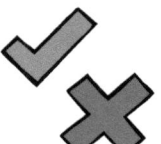

igen/nem

так / ні

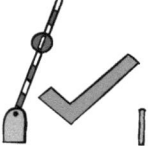

rendben

добре

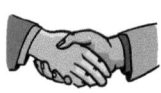

szia

привіт

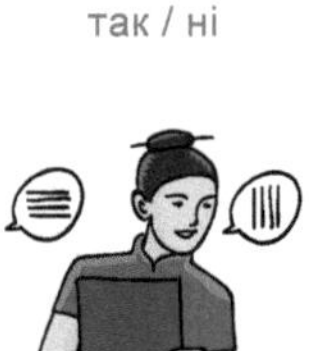

fordító

перекладач

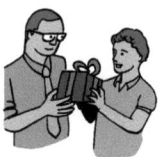

köszönöm

дякую

mennyibe kerül...?

Скільки коштує ...?

nem értem

Я не розумію

probléma

проблема

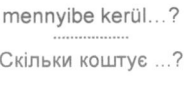

Jó estét!

Добрий вечір!

jó reggelt!

Доброго ранку!

jó éjszakát!

На добраніч!

viszontlátásra

До побачення

útirány

напрямок

poggyász

багаж

táska

сумка

hátizsák

рюкзак

vendég

гість

szoba

кімната

hálózsák

спальний мішок

sátor

намет

turista információ

туристична інформація

strand

пляж

hitelkártya

кредитна картка

reggeli

сніданок

ebéd

обід

vacsora

вечеря

jegy

квиток

lift

ліфт

bélyeg

поштова марка

határ

межа

vám

митниця

nagykövetség

посольство

vízum

віза

útlevél

паспорт

közlekedés

транспорт

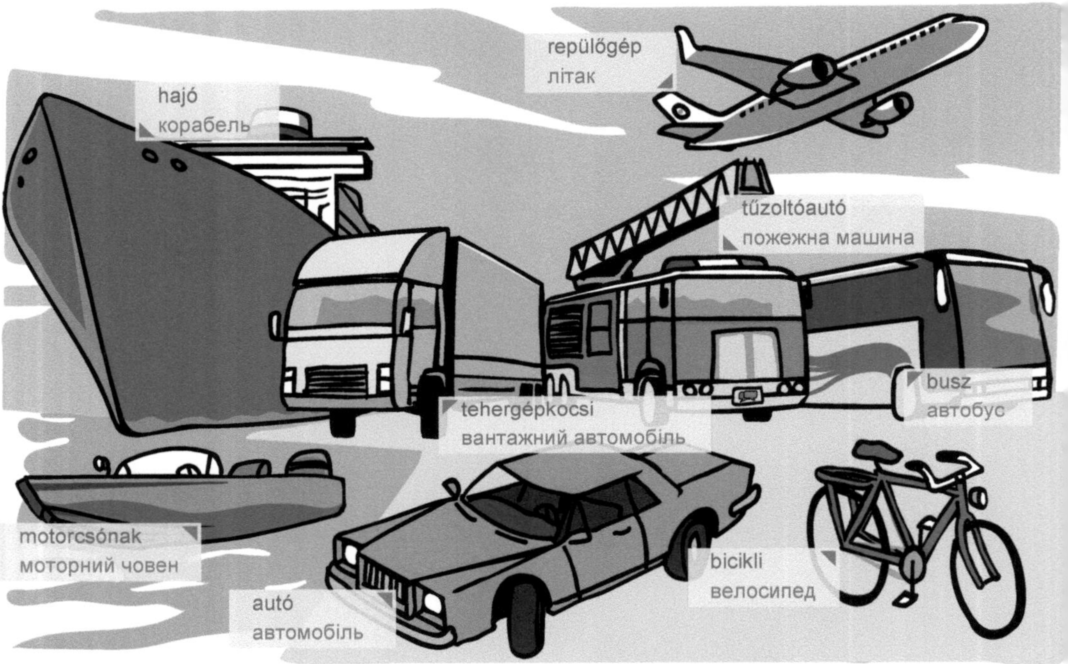
repülőgép
літак
hajó
корабель
tűzoltóautó
пожежна машина
busz
автобус
tehergépkocsi
вантажний автомобіль
motorcsónak
моторний човен
bicikli
велосипед
autó
автомобіль

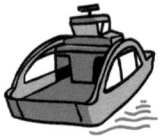

komp

пором

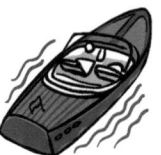

csónak

човен

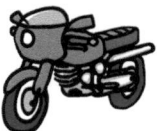

motorkerékpár

мотоцикл

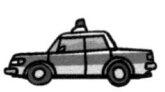

rendőrautó

поліцейська машина

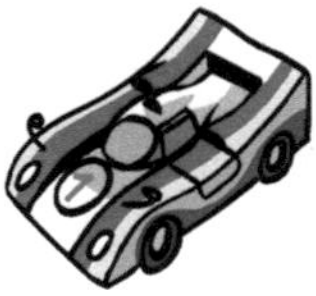

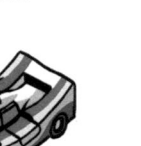

versenyautó

гоночний автомобіль

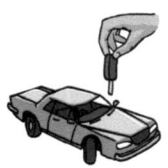

bérautó

автомобіль на прокат

telekocsi

спільне користування авто

vontató

евакуатор

szemetes autó

сміттєвоз

motor

двигун

üzemanyag

паливо

benzinkút

автозаправна станція

közlekedési tábla

дорожній знак

forgalom

рух

forgalmi dugó

затор

parkoló

стоянка

vonatállomás

вокзал

sínek

рейки

vonat

потяг

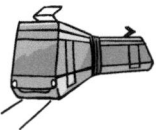

villamos

трамвай

vagon

вагон

helikopter

гелікоптер

repülőtér

аеропорт

torony

вежа

utas

пасажир

konténer

контейнер

kartondoboz

коробка

taliga

візок

kosár

кошик

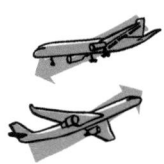

felszáll / leszáll

стартувати / приземлятися

város

місто

falu

село

városközpont

центр міста

ház

дім

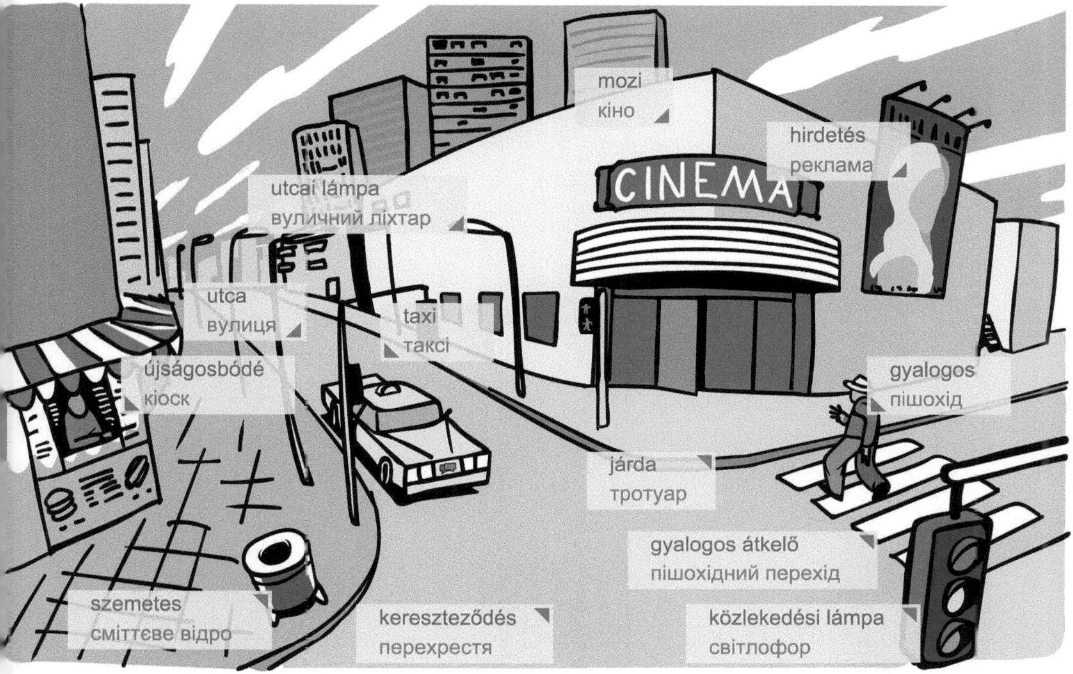
CINEMA
mozi
кіно
hirdetés
реклама
utcai lámpa
вуличний ліхтар
utca
вулиця
taxi
таксі
újságosbódé
кіоск
gyalogos
пішохід
járda
тротуар
gyalogos átkelő
пішохідний перехід
szemetes
сміттєве відро
kereszteződés
перехрестя
közlekedési lámpa
світлофор

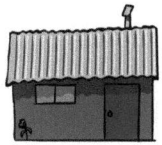

kunyhó

хатина

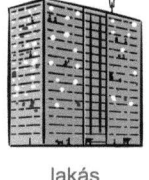

lakás

квартира

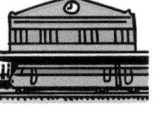

vonatállomás

вокзал

városháza

ратуша

MUSEUM

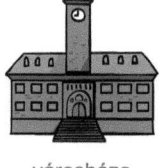

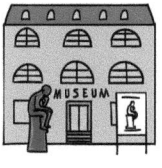

múzeum

музей

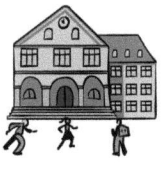

iskola

школа

egyetem

університет

bank

банк

kórház

лікарня

hotel

готель

gyógyszertár

аптека

iroda

офіс

könyvesbolt

книжковий магазин

üzlet

магазин

virágüzlet

квітковий магазин

szupermarket

супермаркет

piac

ринок

áruház

універмаг

halárus

торговець рибою

bevásárló központ

торговельний центр

kikötő

гавань

park

парк

pad

лава

híd

міст

lépcső

сходи

metró

метро

alagút

тунель

buszmegálló

автобусна зупинка

bár

бар

étterem

ресторан

postaláda

поштова скринька

utcatábla

вулична табличка

parkoló óra

лічильник паркування

állatkert

зоопарк

uszoda

басейн

mecset

мечеть

gazdálkodás

ферма

környezetszennyezés

забруднення
навколишнього
середовища

temető

кладовище

templom

церква

játszótér

дитячий майданчик

szentély

храм

táj
ландшафт

levél
листок

útjelző tábla
вказівний стовп

út
шлях

rét
луг

kö
камінь

fa
дерево

túrázó
мандрівник

folyó
річка

fű
трава

virág
квітка

völgy

долина

domb

гора

tó

озеро

erdő

ліс

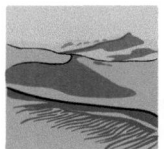

sivatag

пустеля

vulkán

вулкан

kastély

замок

szivárvány

веселка

gomba

гриб

pálmafa

пальма

szúnyog

комар

légy

муха

hangya

мурашка

méhecske

бджола

pók

павук

bogár

жук

béka

жаба

mókus

вивірка

sündisznó

їжак

nyúl

заєць

bagoly

сова

madár

птах

hattyú

лебідь

vaddisznó

кабан

szarvas

олень

rénszarvas

лось

gát

гребля

szélturbina

вітряк

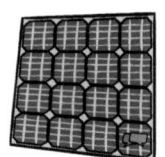

napelem

сонячний модуль

éghajlat

клімат

étterem
ресторан

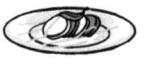

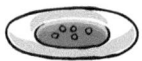

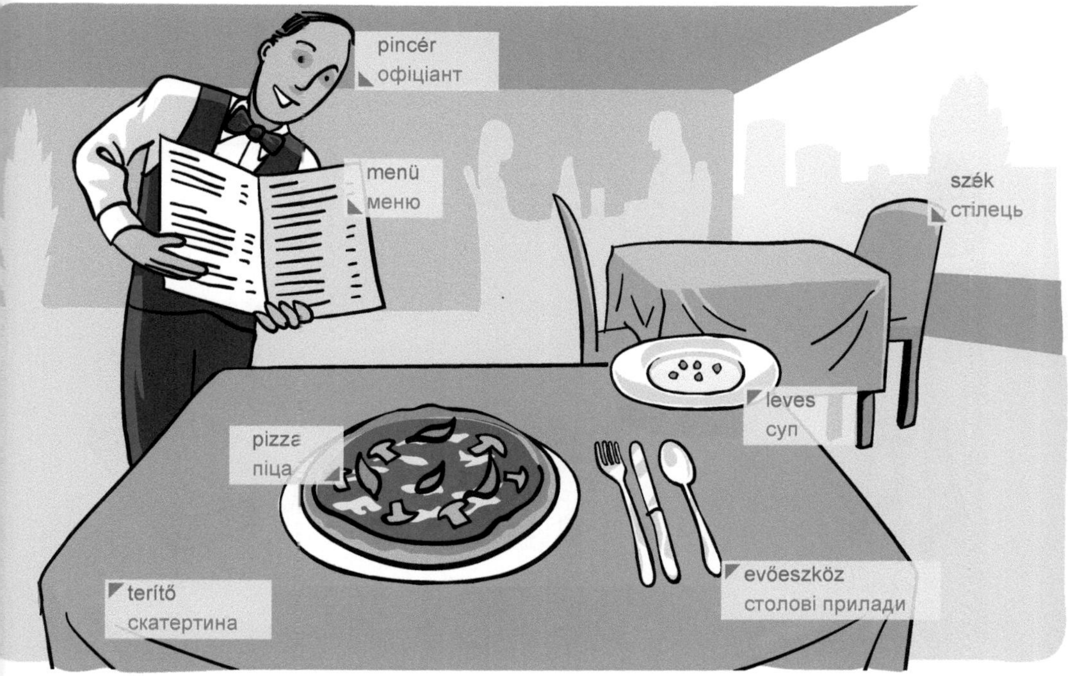

pincér
офіціант
menü
меню
szék
стілець
leves
суп
pizza
піца
terítő
скатертина
evőeszköz
столові прилади

előétel

закуска

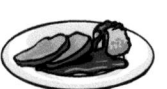

főétel

друга страва

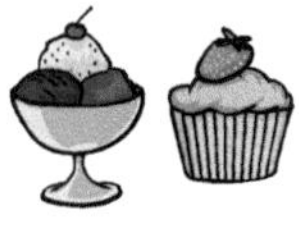

desszert

десерт

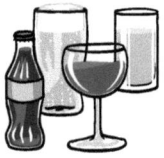

italok

напої

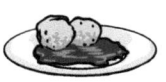

étel

їжа

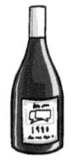

üveg

пляшка

gyorsétel

фаст-фуд

gyorsétel

вулична їжа

teás kanna

чайник

cukortartó

цукорниця

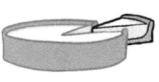

adag

порція

eszpresszógép

еспресо-машина

bárszék

високий стільчик

számla

рахунок

tálca

піднос

kés

ніж

villa

вилка

kanál

ложка

teáskanál

чайна ложка

szalvéta

серветка

pohár

склянка

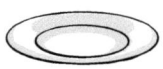

tányér

тарілка

leveses tányér

тарілка для супу

csészealj

блюдце

szósz

соус

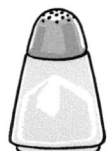

sószóró

солонка

borsőrlő

млин для перцю

ecet

оцет

étkezési olaj

масло

fűszerek

спеції

ketchup

кетчуп

mustár

гірчиця

majonéz

майонез

szupermarket

супермаркет

különleges ajánlat
пропозиція
FOR
ügyfél
клієнт
tejtermék
молочні продукти
gyümölcsök
фрукти
bevásárló kocsi
візок для покупок

BUTCHERS

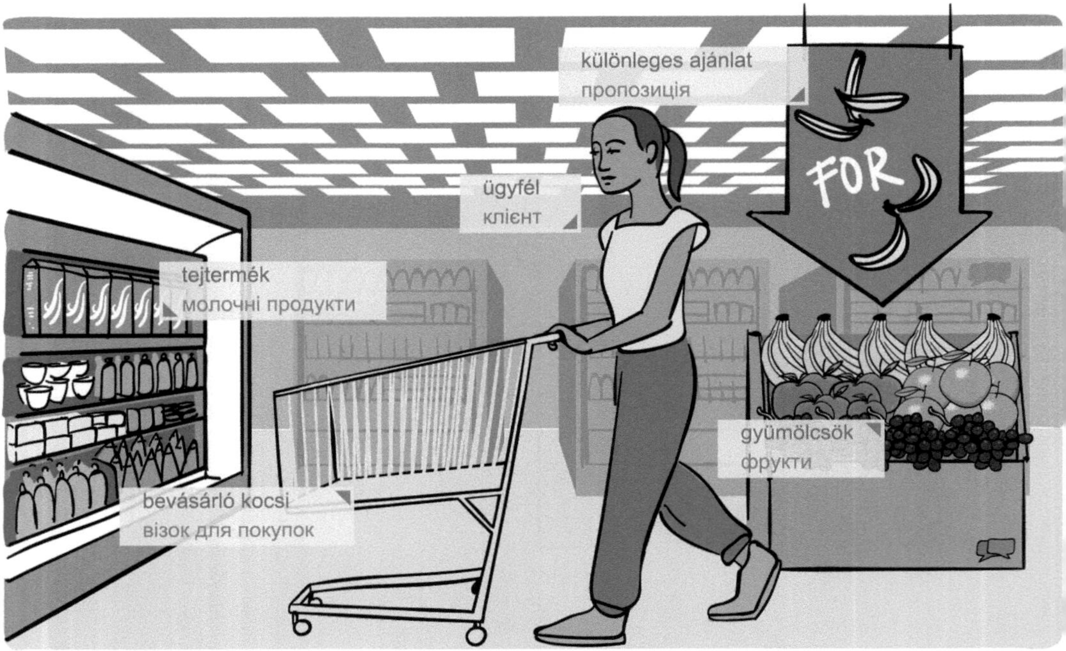

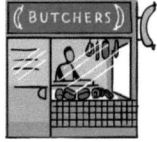

hentes

м'ясний магазин

BAKERY

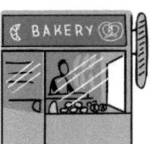

pékség

пекарня

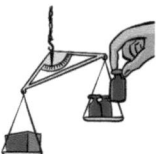

nyom valamennyit

зважувати

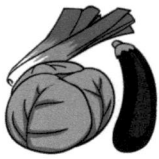

zöldség

овочі

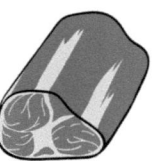

hús

м'ясо

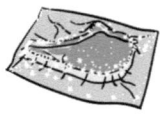

fagyasztott áru

заморожені продукти

felvágott

ковбасна нарізка

konzerv

консерви

mosópor

пральний порошок

édességek

солодощи

háztartási termék

предмети домашнього побуту

tisztítószerek

мийний засіб

eladó

продавщиця

pénztárgép

каса

eladó

касир

bevásárló lista

список покупок

nyitva tartás

часи роботи

levéltárca

гаманець

hitelkártya

кредитна картка

zacskó

сумка

műanyag zacskó

поліетиленовий пакет

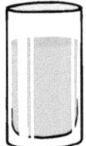

víz
вода

gyümölcslé
cік

tej
молоко

kóla
кола

bor
вино

sör
пиво

alkohol
алкоголь

kakaó
какао

tea
чай

kávé
кава

eszpresszó
еспресо

kapucsínó
капучіно

banán

банан

alma

яблуко

narancs

апельсин

sárgadinnye

кавун

citrom

лимон

sárgarépa

морква

fokhagyma

часник

bambusz

бамбук

hagyma

цибуля

gomba

гриб

magvak

горішки

nokedli

локшина

spagetti

спагеті

rizs

рис

saláta

салат

sült krumpli

картопля фрі

sült burgonya

смажена картопля

pizza

піца

hamburger

гамбургер

szendvics

бутерброд

hússzelet

шніцель

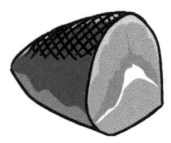

sonka

шинка

szalámi

салямі

kolbász

ковбаса

csirke

курка

pecsenye

печеня

hal

риба

zabkása

вівсяні пластівці

müzli

мюслі

kukoricapehely

кукурудзяні пластівці

liszt

борошно

croissant

круасан

zsemle

булочка

kenyér

хліб

pirítós kenyér

тостовий хліб

keksz

печиво

vaj

масло

túró

сир

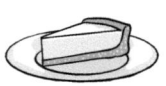

sütemény

пиріг

tojás

яйце

tükörtojás

яєчня

sajt

сир

jégkrém

морозиво

cukor

цукор

méz

мед

lekvár

мармелад

mogyorókrém

нуга-крем

curry

карі

gazdálkodás
ферма

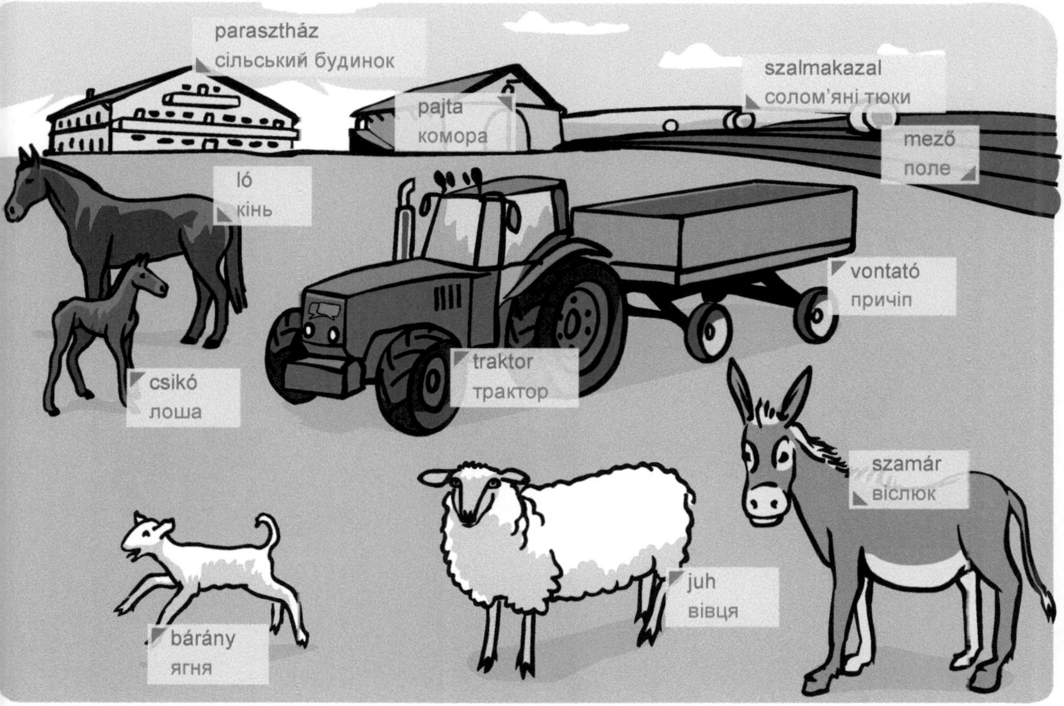
parasztház
сільський будинок
pajta
комора
szalmakazal
солом'яні тюки
mező
поле
ló
кінь
vontató
причіп
traktor
трактор
csikó
лоша
szamár
віслюк
juh
вівця
bárány
ягня

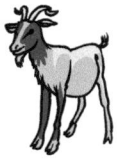

kecske

коза

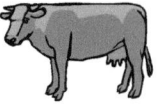

tehén

корова

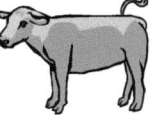

borjú

теля

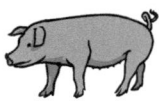

malac

свиня

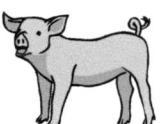

kismalac

порося

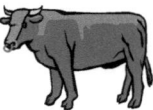

bika

бик

liba

гусак

kacsa

качка

csibe

курча

tojó

курка

kakas

півень

patkány

щур

macska

кіт

egér

миша

ökör

віл

kutya

собака

kutyaház

собача будка

kerti öntözőcső

садовий шланг

öntözőkanna

лійка

kasza

коса

eke

плуг

gazdálkodás - ферма

sarló

серп

kapa

мотика

vasvilla

вила

fejsze

сокира

talicska

тачка

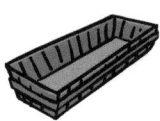

teknő

корито

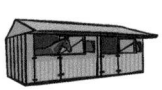

tejes kancsó

бідон молока

zsák

мішок

kerítés

паркан

istálló

хлів

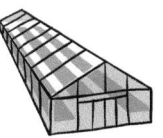

üvegház

теплиця

talaj

ґрунт

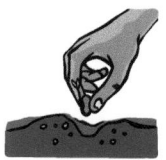

vetőmag

насіння

trágya

добриво

cséplőgép

комбайн

szüretelni

пожинати

betakarítás

урожай

yamgyökér

корінь ямсу

búza

пшениця

szója

соя

burgonya

картопля

kukorica

кукурудза

repcemag

ріпак

gyümölcsfa

плодове дерево

manióka

маніок

gabona

злаки

kémény
димохід

tető
дах

eresz
водостічний лоток

ablak
вікно

garázs
гараж

ajtócsengő
дзвінок

ajtó
двері

szemetes
відро для сміття

postaláda
поштова скринька

kert
сад

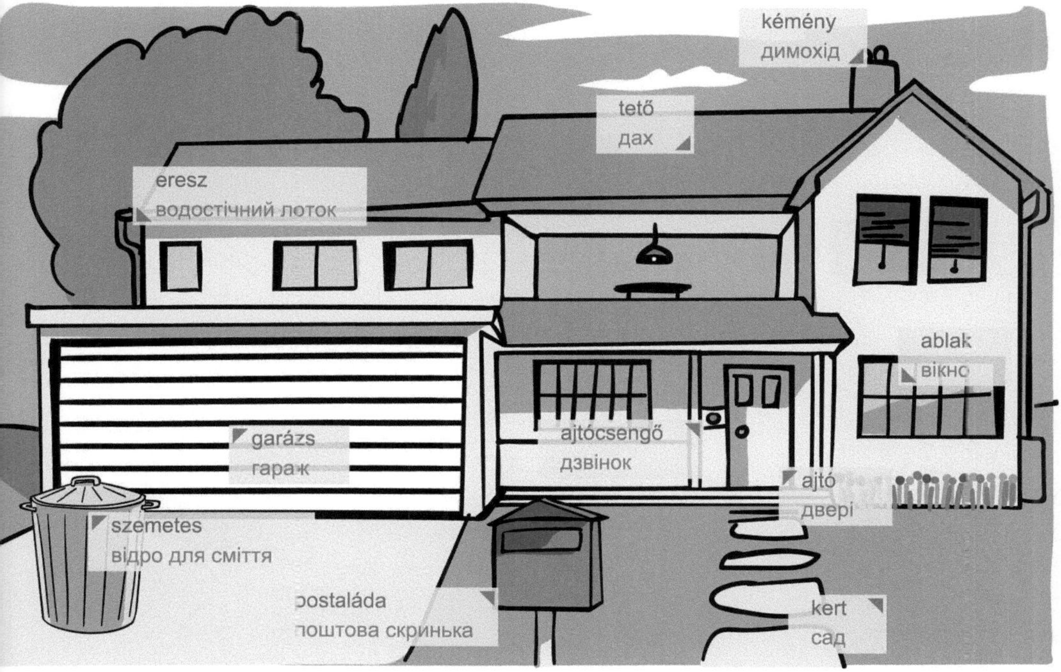

nappali

вітальня

fürdőszoba

ванна кімната

konyha

кухня

hálószoba

спальня

gyerekszoba

дитяча кімната

ebédlő

їдальня

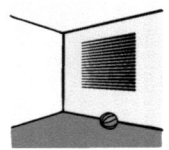

padló

підлога

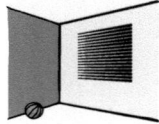

fal

стіна

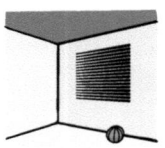

plafon

стеля

pince

підвал

szauna

сауна

erkély

балкон

terasz

тераса

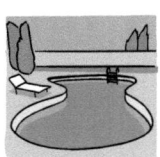

medence

басейн

fűnyíró

косарка

lepedő

простирало

ágytakaró

ковдра

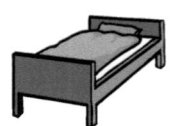

ágy

ліжко

seprű

мітла

vödör

відро

kapcsoló

перемикач

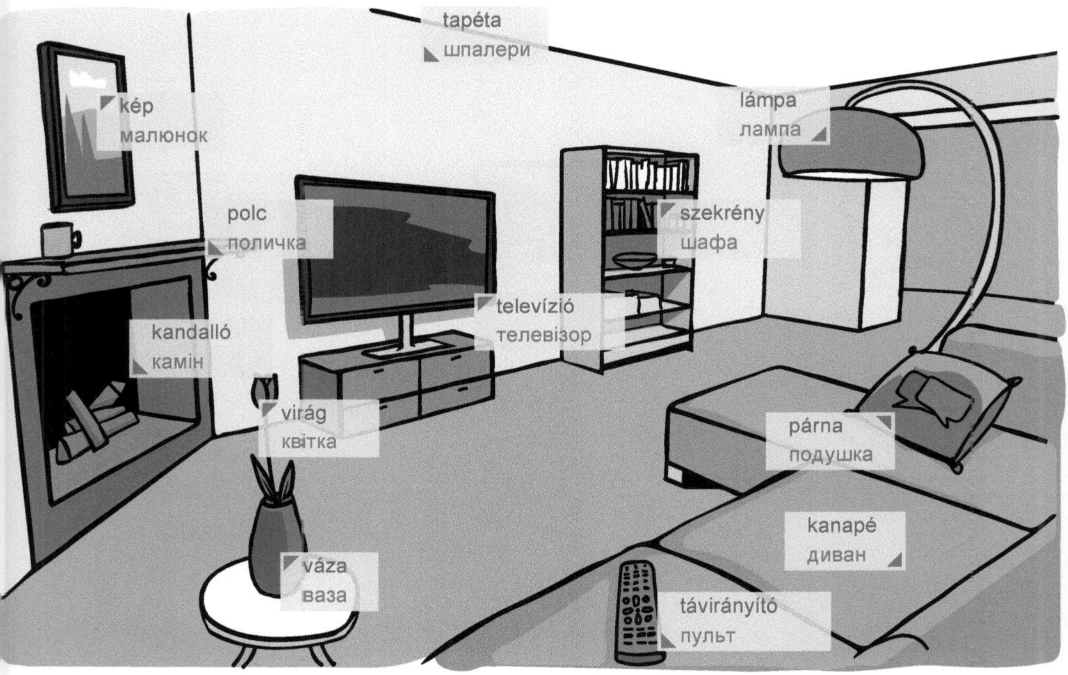

tapéta
шпалери

kép
малюнок

lámpa
лампа

polc
поличка

szekrény
шафа

kandalló
камін

televízió
телевізор

virág
квітка

párna
подушка

kanapé
диван

váza
ваза

távirányító
пульт

szőnyeg

килим

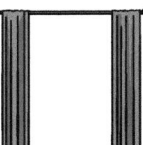

függöny

завіса

asztal

стіл

szék

стілець

hintaszék

крісло-гойдалка

karosszék

крісло

könyv

книга

takaró

ковдра

dekoráció

прикраса

tűzifa

дрова

film

фільм

hifi

стереосистема

kulcs

ключ

újság

газета

festmény

картина

poszter

плакат

rádió

радіо

jegyzetfüzet

блокнот

porszívó

пилосос

kaktusz

кактус

gyertya

свічка

konyha
кухня

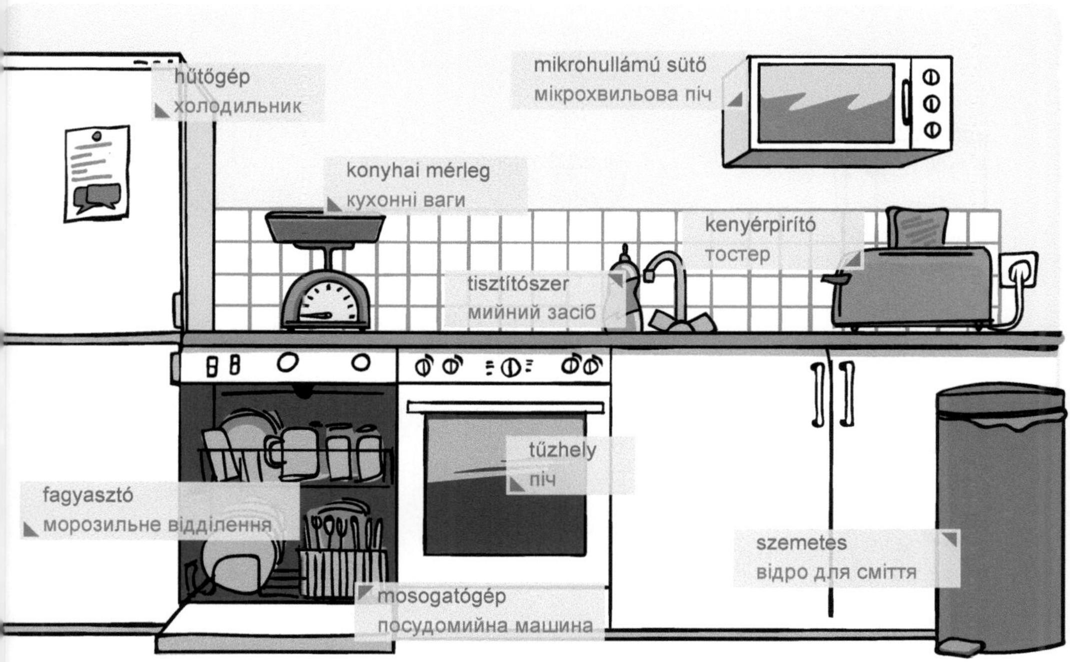

hűtőgép
холодильник
mikrohullámú sütő
мікрохвильова піч
konyhai mérleg
кухонні ваги
kenyérpirító
тостер
tisztítószer
мийний засіб
tűzhely
піч
fagyasztó
морозильне відділення
szemetes
відро для сміття
mosogatógép
посудомийна машина

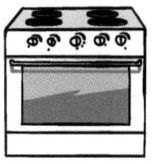

tűzhely
плита

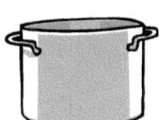

edény
горщик

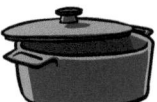

vasfazék
чавунний горщик

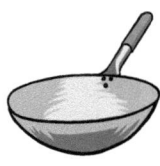

wok / kadai
вок / кадай

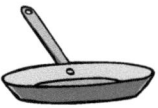

serpenyő
сковорода

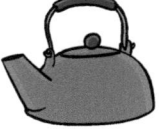

vízforraló
чайник

pároló

пароварка

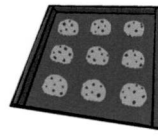

tepsi

лист

étkészlet

посуд

bögre

кухоль

tálka

чаша

evőpálcika

палички для їжі

merőkanál

черпак

keverőlapátka

лопатка

habverő

вінчик для збивання

szűrő

сито

szita

сито

reszelő

терка

mozsár

ступка

grillsütő

барбекю

kandalló

багаття

vágódeszka

дошка

sodrófa

качалка

dugóhúzó

штопор

doboz

консерва

konzervnyitó

відкривачка

edényfogó

прихватки

mosogató

раковина

kefe

щітка

szivacs

губка

turmixgép

міксер

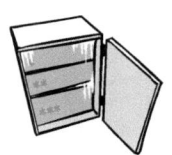

mélyhűtő

морозильна камера

cumisüveg

дитяча пляшка

csap

кран

fürdőszoba

ванна кімната

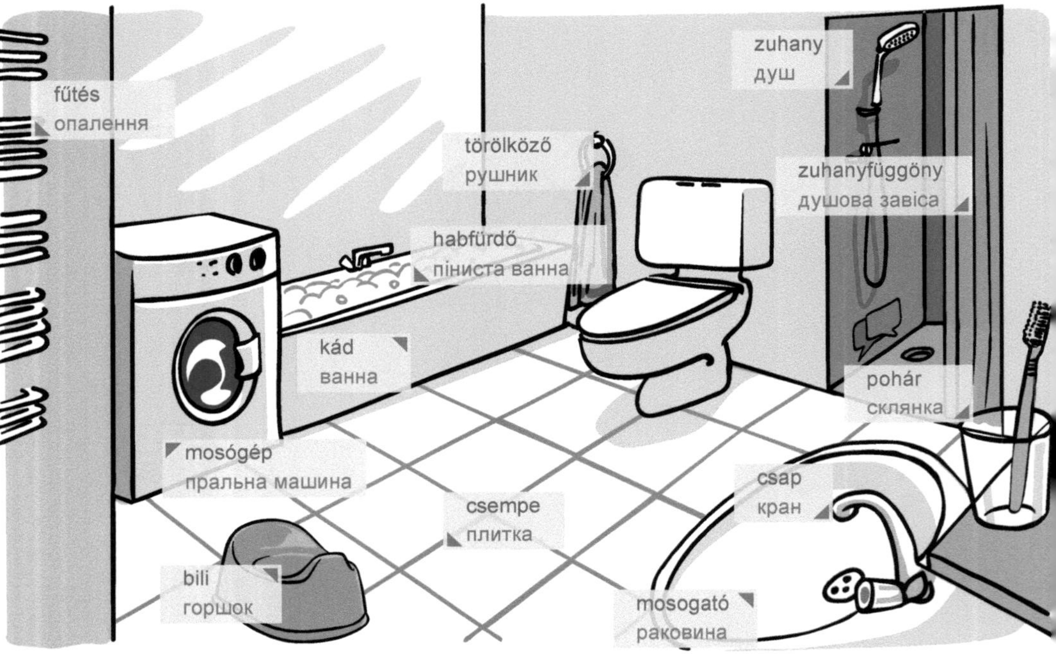

fűtés
опалення
zuhany
душ
törölköző
рушник
zuhanyfüggöny
душова завіса
habfürdő
пінистa ванна
kád
ванна
pohár
склянка
mosógép
пральна машина
csap
кран
csempe
плитка
bili
горшок
mosogató
раковина

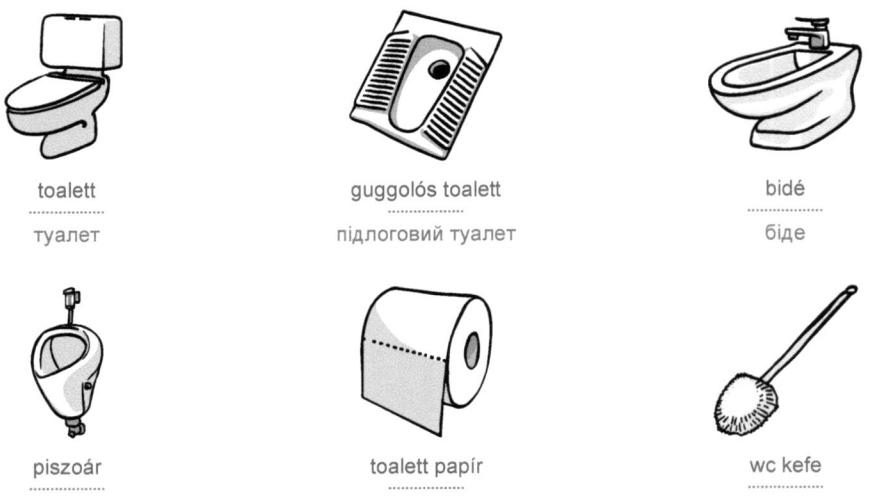

toalett

туалет

guggolós toalett

підлоговий туалет

bidé

біде

piszoár

пісуар

toalett papír

туалетний папір

wc kefe

щітка для туалету

fogkefe

зубна щітка

fogkrém

зубна паста

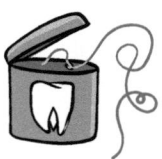

fogselyem

нитка для чищення зубіз

mosni

мити

kézi zuhany

ручний душ

intimzuhany

інтимний душ

mosdótál

таз

hátmosó kefe

щітка для спини

szappan

мило

tusfürdő

гель для душу

sampon

шампунь

mosdókesztyű

мочалка

lefolyó

водостік

krém

крем

dezodor

дезодорант

tükör

дзеркало

kézitükör

косметичне дзеркало

borotva

бритва

borotvahab

піна для гоління

borotválkozás utáni arcszesz

лосьйон після гоління

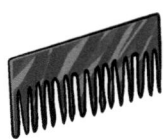

fésű

гребінь

hajkefe

щітка

hajszárító

фен

hajlakk

лак для волосся

smink

косметика

ajakrúzs

губна помада

körömlakk

лак для нігтів

vatta

вата

körömvágó olló

ножиці для нігтів

parfüm

парфум

neszesszer

косметичка

sámli

табурет

mérleg

ваги

köntös

халат

gumikesztyű

гумові рукавички

tampon

тампон

egészségügyi betét

гігієнічні прокладки

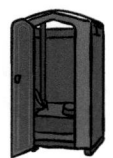

vegyi WC

біотуалет

gyerekszoba
дитяча кімната

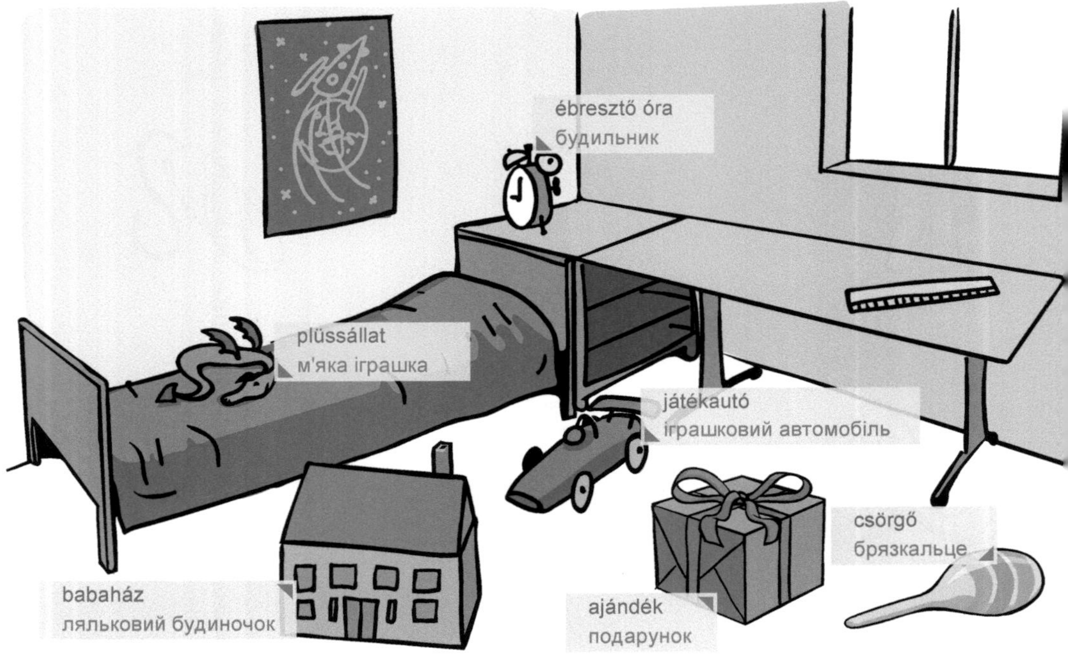

ébresztő óra
будильник
plüssállat
м'яка іграшка
játékautó
іграшковий автомобіль
csörgő
брязкальце
babaház
ляльковий будиночок
ajándék
подарунок

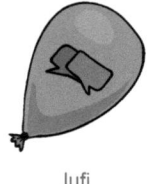

lufi

повітряна кулька

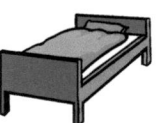

ágy

ліжко

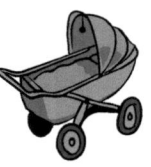

babakocsi

дитячий візок

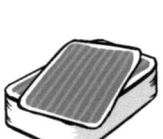

kártyapakli

картярська гра

kirakós játék

пазл

SUPER MEGA

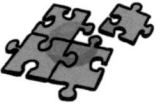

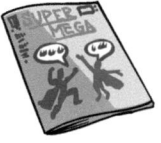

képregény

комікс

építőkockák

лего цеглинки

építőelem

блоки

szuperhős

іграшкова фігурка

rugdalózó

повзунки

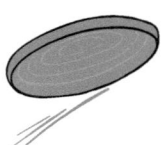

frizbi

фризбі

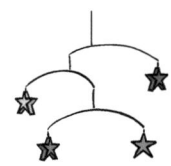

zenélő forgó

мобіле

társasjáték

настільна гра

kocka

кубик

modellvasút

модель залізнична станція

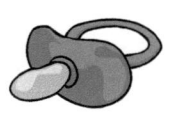

cumi

соска

zsúr

вечірка

képeskönyv

книжка з картинками

labda

м'яч

baba

лялька

játszani

грати

homokozó

пісочниця

hinta

гойдалка

játékok

іграшка

videójáték konzol

гральна консоль

tricikli

триколісний велосипед

teddi maci

плюшевий мішка

ruhásszekrény

шафа

ruházat

одяг

zokni

шкарпетки

harisnya

панчохи

harisnyanadrág

колготки

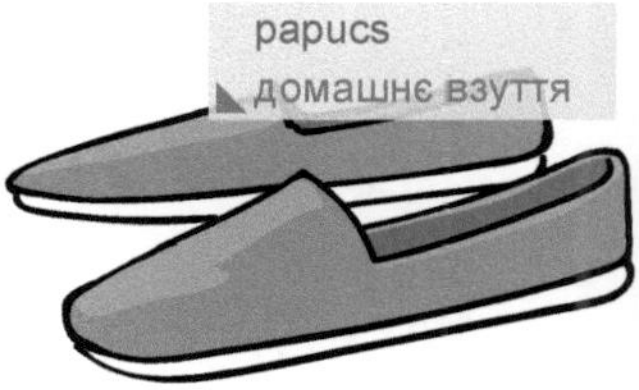

sál / шарф

esernyő / парасоля

póló / футболка

öv / ремінь

csizma / чоботи

papucs / домашнє взуття

tornacipő / кросівки

szandál	cipő	gumicsizma
сандалі	взуття	гумові чоботи

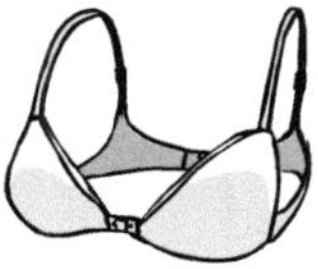

alsónadrág	melltartó	mellény
труси	бюстгальтер	нижня сорочка

body
боді

nadrág
штани

farmer
джинси

szoknya
спідниця

blúz
блузка

ing
сорочка

pulóver
пуловер

kapucnis pulóver
светр

blézer
піджак

dzseki
куртка

kabát
пальто

esőkabát
дощовик

kosztüm
костюм

ruha
сукня

esküvői ruha
весільна сукня

öltöny

костюм

hálóing

нічна сорочка

pizsama

піжама

szári

сарі

fejkendő

головна хустка

turbán

чалма

burka

бурка

kaftán

кафтан

abaya

абая

fürdőruha

купальник

fürdőnadrág

плавки

rövidnadrág

шорти

tréningruha

тренувальний костюм

kötény

фартух

kesztyű

рукавички

gomb

гудзик

szemüveg

окуляри

karkötő

браслет

nyaklánc

ланцюг

gyűrű

кільце

fülbevaló

сережка

sapka

шапка

vállfa

плічка

kalap

капелюх

nyakkendő

краватка

cipzár

застібка-блискавка

bukósisak

шолом

nadrágtartó

підтяжки

iskolai egyenruha

шкільна форма

egyenruha

уніформа

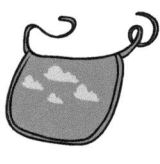

előke

нагрудник

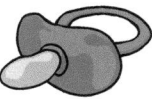

cumi

соска

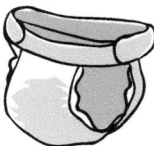

pelenka

підгузок

iroda

офіс

szerver
сервер
irattartó szekrény
шаф для документів
nyomtató
принтер
papír
папір
képernyő
монітор
íróasztal
письмовий стіл
egér
миша
mappa
папка
billentyűzet
синтезатор
papír-hulladék gyűjtő
кошик для паперу
szék
стілець
számítógép
комп'ютер

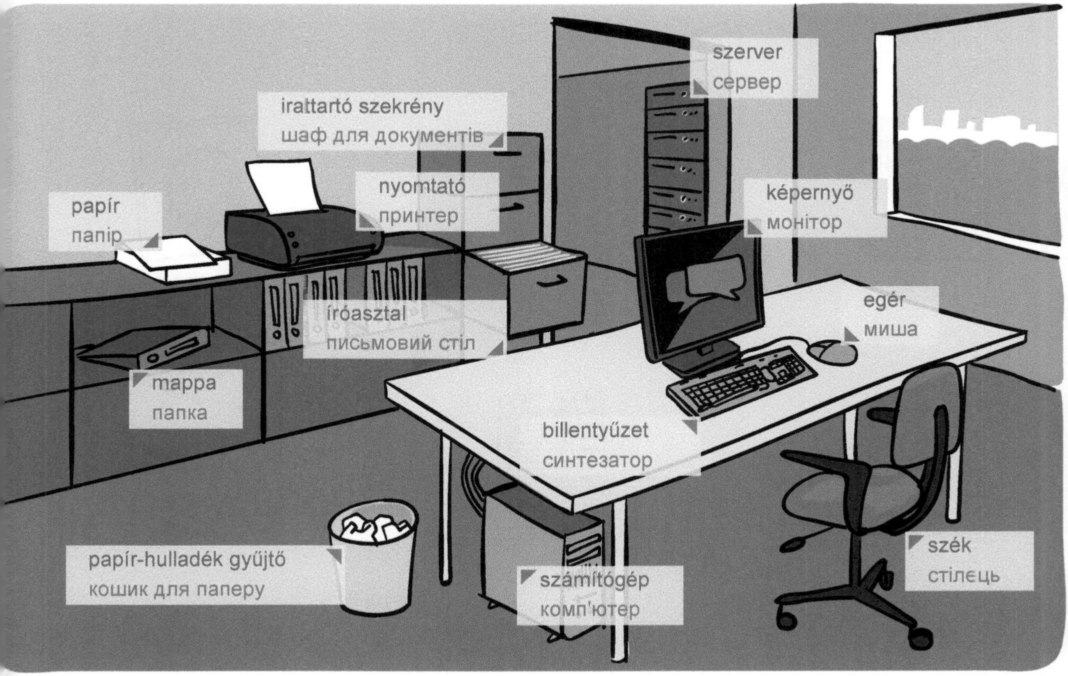

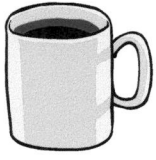

kávéscsésze

кавовий кухоль

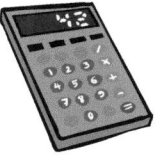

számológép

калькулятор

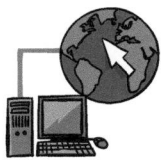

internet

інтернет

laptop

ноутбук

levél

лист

üzenet

повідомлення

mobiltelefon

мобільний телефон

hálózat

мережа

fénymásoló

копіювальний пристрій

szoftver

програмне забезпечення

telefon

телефон

konnektor

розетка

faxgép

факс

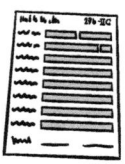

formanyomtatvány

бланк

dokumentum

документ

venni

купувати

fizetni

платити

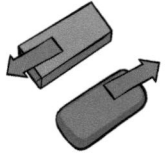

kereskedni

торгувати

pénz

гроші

 **USD**

dollár

долар

 **EUR**

euró

євро

 **JPY**

jen

ієна

 **RUB**

rubel

рубль

 **CHF**

svájci frank

франк

 **CNY**

kínai jüan

юанів женьміньбі

 **INR**

rúpia

рупія

bankautomata

банкомат

valutaváltó iroda

обмінний пункт

arany

золото

ezüst

срібло

olaj

нафта

energia

енергія

ár

ціна

szerződés

контракт

adó

податок

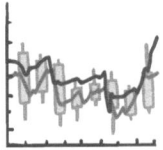

részvény

акція

dolgozni

працювати

munkavállaló

працівник

munkaadó

роботодавець

gyár

фабрика

üzlet

магазин

rendőr
поліцейський

tűzoltó
пожежник

szakács
повар

orvos
лікар

pilóta
пілот

kertész

садівник

kárpitos

столяр

varrónő

швачка

bíró

суддя

vegyész

хімік

színész

актор

buszsofőr

водій автобуса

taxisofőr

таксист

halász

рибалка

bejárónő

прибиральниця

tetőfedő

покрівельник

pincér

офіціант

vadász

мисливець

festő

художник

pék

пекар

villanyszerelő

електрик

építőmunkás

будівельник

mérnök

інженер

hentes

забійник

vízvezeték-szerelő

бляхар

postás

листоноша

katona

солдат

építész

архітектор

eladó

касир

virágos

флорист

fodrász

перукар

kalauz

кондуктор

műszerész

механік

kapitány

капітан

fogorvos

дантист

tudós

вчений

rabbi

рабин

imám

імам

szerzetes

монах

lelkész

пастор

szerszámok
інструменти

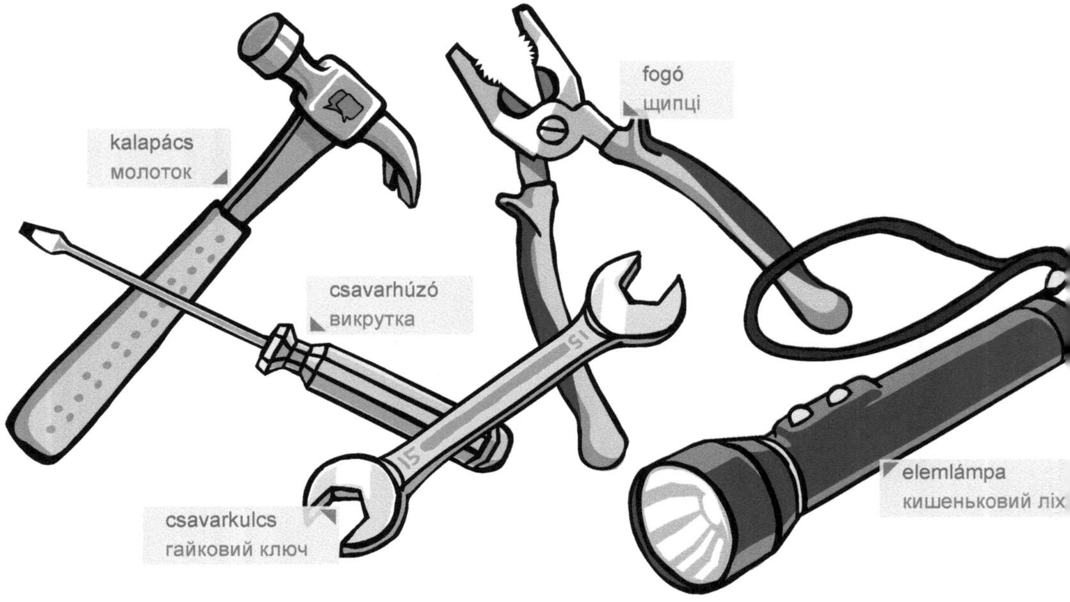
fogó
щипці
kalapács
молоток
csavarhúzó
викрутка
elemlámpa
кишеньковий ліх
csavarkulcs
гайковий ключ

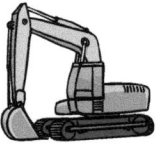

markológép

екскаватор

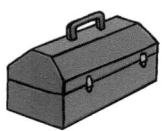

szerszámosláda

ящик для інструментів

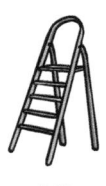

vödör

драбина

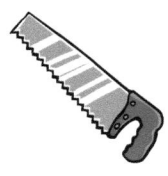

fűrész

пилка

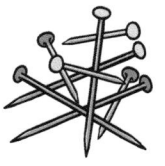

szög

цвяхи

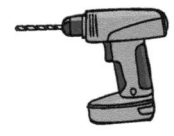

fúrógép

свердло

megjavítani

ремонтувати

lapát

лопата

A francba!

лайно!

szemétlapát

совок

festékesdoboz

відро з фарбою

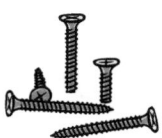

csavar

гвинти

hangszerek
музичні інструменти

dobfelszerelés
ударна установка

hangszóró
динамік

gitár
гітара

nagybőgő
контрабас

trombita
труба

zongora

фортепіано

hegedű

скрипка

basszusgitár

бас

üstdob

литаври

dobok

барабан

digitális zongora

клавіатура

szaxofon

саксофон

fuvola

флейта

mikrofon

мікрофон

állatkert

зоопарк

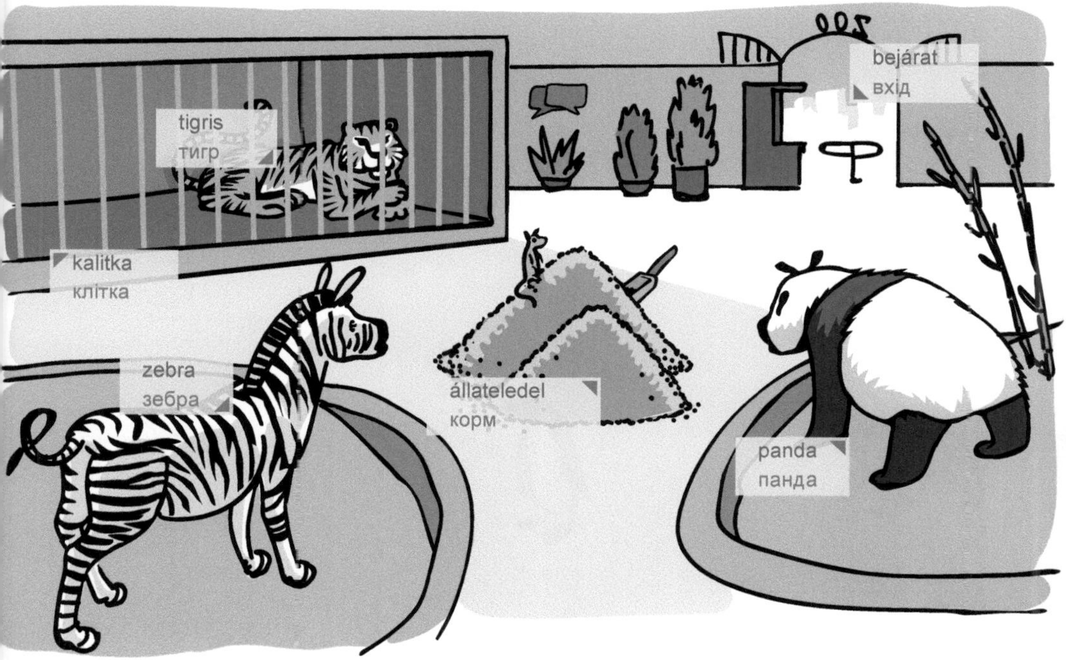

zoo
bejárat
вхід
tigris
тигр
kalitka
клітка
zebra
зебра
állateledel
корм
panda
панда

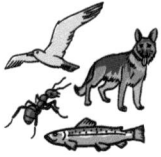

állatok

тварини

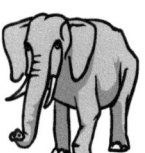

elefánt

слон

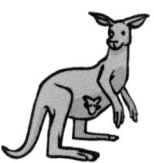

kenguru

кенгуру

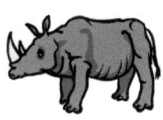

orrszarvú

носоріг

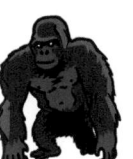

gorilla

горила

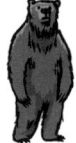

medve

ведмідь

teve

верблюд

strucc

страус

oroszlán

лев

majom

мавпа

flamingó

фламінго

papagáj

папуга

jegesmedve

білий ведмідь

pingvin

пінгвін

cápa

акула

páva

павич

kígyó

змія

krokodil

крокодил

állatgondozó

працівник зоопарку

fóka

тюлень

jaguár

ягуар

póniló

поні

leopárd

леопард

víziló

гіпопотам

zsiráf

жираф

sas

орел

vaddisznó

кабан

hal

риба

teknős

черепаха

rozmár

морж

róka

лисиця

gazella

газель

amerikai futball
американський футбол

kerékpározás
їзда на велосипеді

tenisz
теніс

kosárlabda
баскетбол

úszás
плавання

boksz
бокс

jégkorong
хокей

futball
футбол

tollas
бадмінтон

atlétika
легка атлетика

kézilabda
гандбол

síelés
лижні перегони

lovaspóló
поло

ugrani
стрибати

ölelni
обіймати

nevetni
сміятися

sétálni
йти

énekelni
співати

álmodni
мріяти

dicsérni
молитися

csókolni
цілувати

írni
писати

rajzolni
малювати

mutatni
показувати

tolni
тиснути

adni
давати

vinni
брати

birtokolni

мати

csinálni

робити

lenni

бути

állni

стояти

futni

бігати

húzni

тягнути

hajít

кидати

esni

падати

hazudni

лежати

várni

очікувати

vinni

носити

ülni

сидіти

felvenni

одягати

aludni

спати

felébredni

просипатися

ránézni

дивитися

sírni

плакати

simogat

гладити

fésülni

розчісувати

beszélni

розмовляти

megérteni

розуміти

kérdezni

питати

hallgatni

слухати

inni

пити

enni

їсти

takarítani

прибирати

szeretni

любити

főzni

варити

vezetni

їхати

szállni

літати

tevékenységek - дії

vitorlázni

йти під вітрилом

számol

рахувати

olvasni

читати

tanulni

вчитися

dolgozni

працювати

házasodni

одружуватися

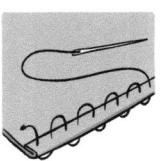

varrni

шити

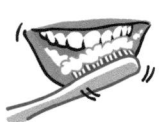

fogat mosni

чистити зуби

ölni

убивати

dohányozni

курити

küldeni

посилати

nagymama
бабуся

nagypapa
дідуся

apa
батько

anya
мати

kisbaba
немовля

lány
донька

fiú
син

vendég

гість

nagynéni

тітка

nagybácsi

дядько

fiútestvér

брат

lánytestvér

сестра

test

тіло

homlok
чоло
szem
око
váll
плече
ujj
палець
arc
обличчя
áll
підборіддя
kéz
кисть
láb
нога
mell
груди
kar
рука

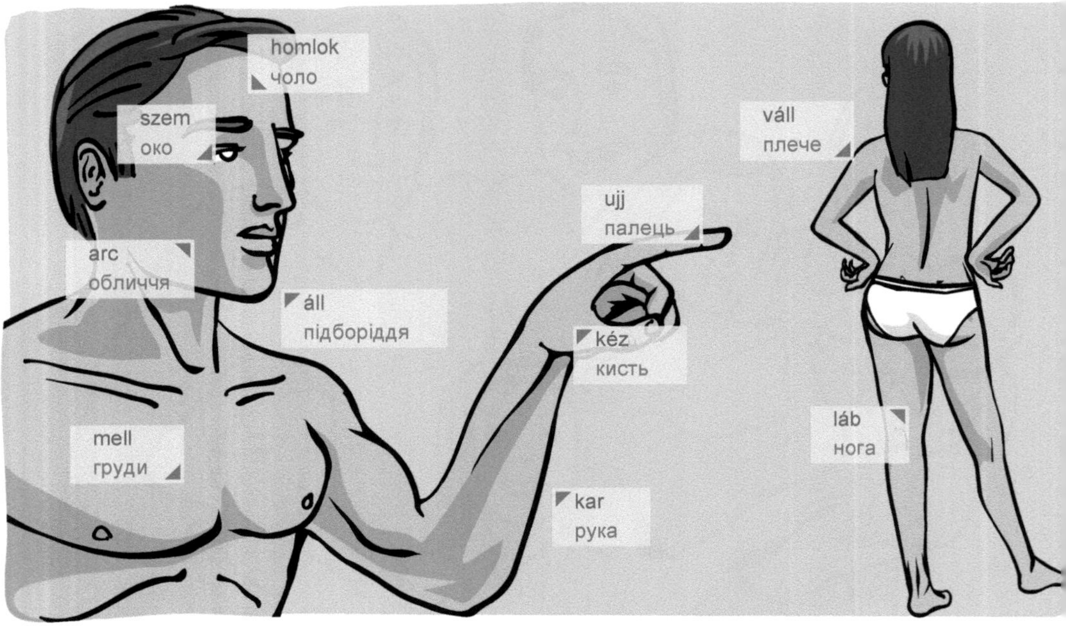

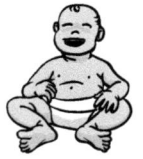

kisbaba

немовля

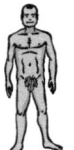

ember

чоловік

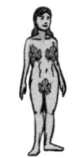

nő

жінка

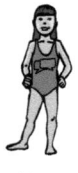

lány

дівчина

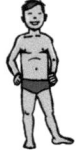

fiú

хлопчик

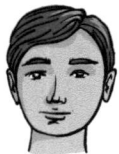

fej

голова

hát

спина

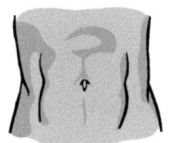

has

живіт

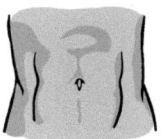

köldök

пуп

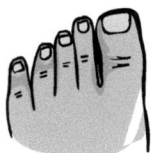

lábujj

палець ноги

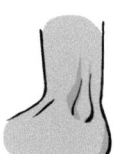

sarok

п'ята

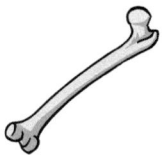

csont

кістка

csípő

стегно

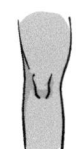

térd

коліно

könyök

лікоть

orr

ніс

fenék

сідниці

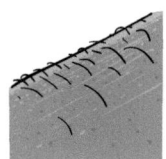

bőr

шкіра

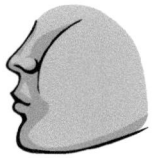

orca

щока

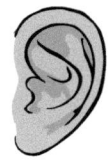

fül

вухо

ajak

губа

test - тіло

száj

рот

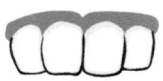

fog

зуб

nyelv

язик

agy

мозок

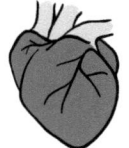

szív

серце

izom

м'яз

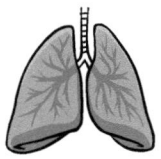

tüdő

легені

máj

печінка

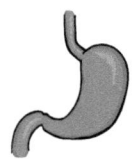

gyomor

шлунок

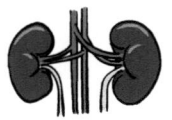

vese

нирки

szex

статевий акт

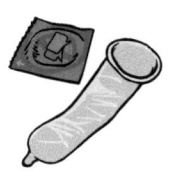

kondom

презерватив

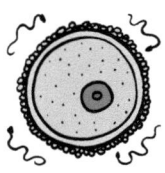

petesejt

яйцеклітина

sperma

сперма

terhesség

вагітність

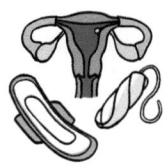

menstruáció

менструація

vagina

вагіна

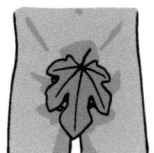

pénisz

пеніс

szemöldök

брова

haj

волосся

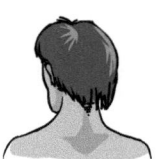

nyak

шия

kórház
лікарня

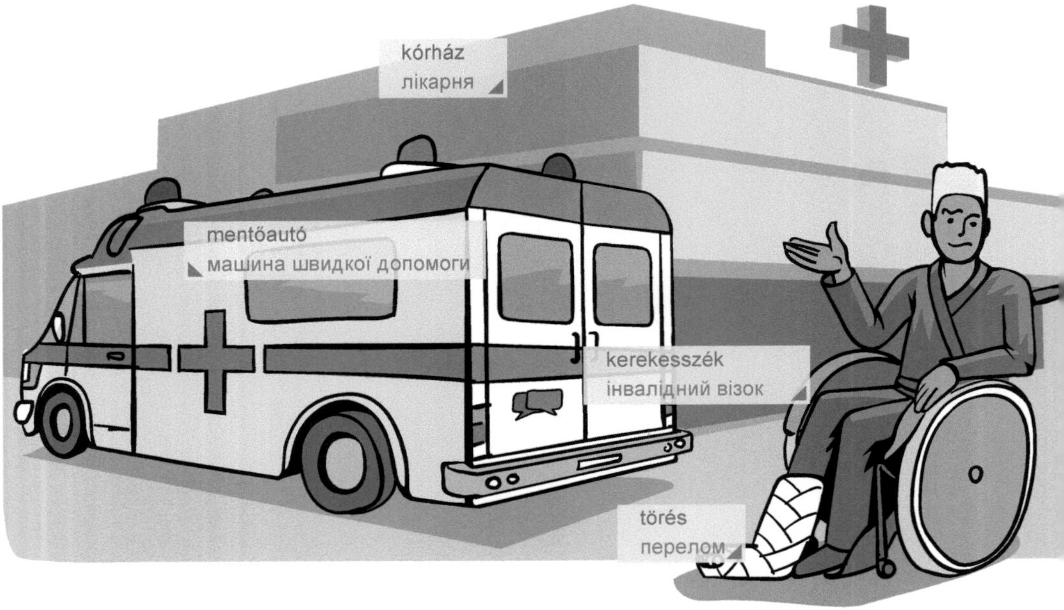

kórház
лікарня
mentőautó
машина швидкої допомоги
kerekesszék
інвалідний візок
törés
перелом

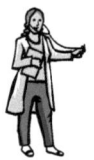

orvos

лікар

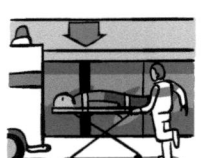

sürgősségi osztály

відділення швидкої медичної допомоги

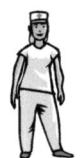

ápoló

медсестра

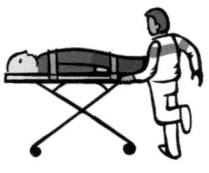

vészhelyzet

аварійний випадок

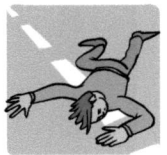

eszméletlen

непритомний

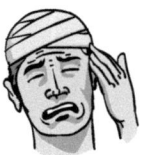

fájdalom

біль

sérülés

травма

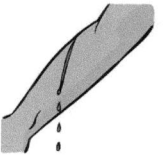

vérzés

кровотеча

szívroham

інфаркт

szélütés

інсульт

allergia

алергія

köhögés

кашель

láz

лихоманка

influenza

грип

hasmenés

пронос

fejfájás

головна біль

rák

рак

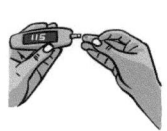

cukorbetegség

діабет

sebész

хірург

szike

скальпель

műtét

операція

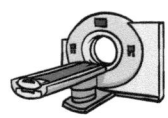

CT
КТ

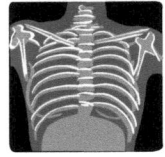

röntgen
рентген

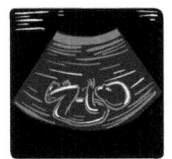

ultrahang
ультразвук

arcmaszk
маска

betegség
хвороба

váróterem
зал очікування

mankó
милиця

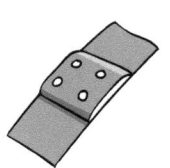

sebtapasz
пластир

kötszer
пов'язка

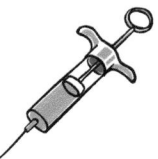

injekció
ін'єкція

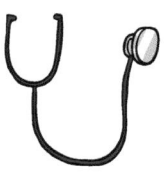

sztetoszkóp
стетоскоп

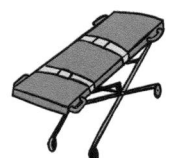

hordágy
ноші

klinikai hőmérő
термометр

születés
народження

túlsúly
надмірна вага

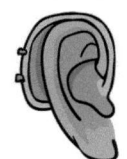

hallókészülék

слуховий апарат

fertőtlenítőszer

дезінфікуючий засіб

fertőzés

інфекція

vírus

вірус

HIV/AIDS

ВІЛ / СНІД

orvosság

медицина

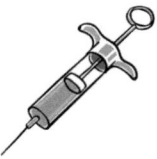

oltás

вакцинація

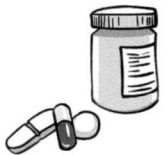

tabletták

таблетки

tabletta

протизаплідна пігулка

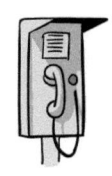

sürgősségi hívás

екстрений виклик

vérnyomásmérő

тонометр

betegség / egészség

хворий / здоровий

Segítség!

Допоможіть!

riasztás

сигнал тривоги

rajtaütés

напад

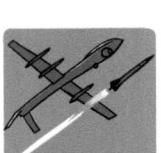

támadás

атака

veszély

небезпека

vészkijárat

аварійний вихід

tűz!

Вогонь!

tűzoltókészülék

вогнегасник

baleset

аварія

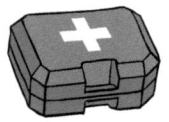

elsősegélycsomag

аптечка

SOS

СОС

rendőrség

поліція

Európa

Європа

Észak-Amerika

Північна Америка

Dél-Amerika

Південна Америка

Afrika

Африка

Ázsia

Азія

Ausztrália

Австралія

Atlanti-óceán

Атлантика

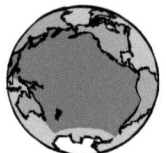

Csendes-óceán

Тихий океан

Indiai-óceán

Індійський океан

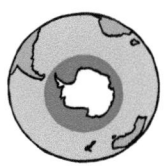

Déli-óceán

Антарктичний океан

Jeges-tenger

Північний Льодовитий
океан

Északi-sark

Північний полюс

Déli-sark

Південний полюс

Antarktisz

Антарктика

föld

Земля

szárazföld

суша

tenger

море

sziget

острів

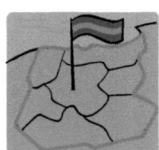

nemzet

нація

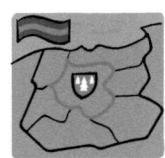

állam

держава

föld - Земля

számlap

циферблат

kismutató

годинникова стрілка

nagymutató

хвилинна стрілка

másodpercmutató

секундна стрілка

Mennyi az idő?

Котра година?

nap

день

idő

час

most

зараз

digitális óra

цифровий годинник

perc

хвилина

óra

година

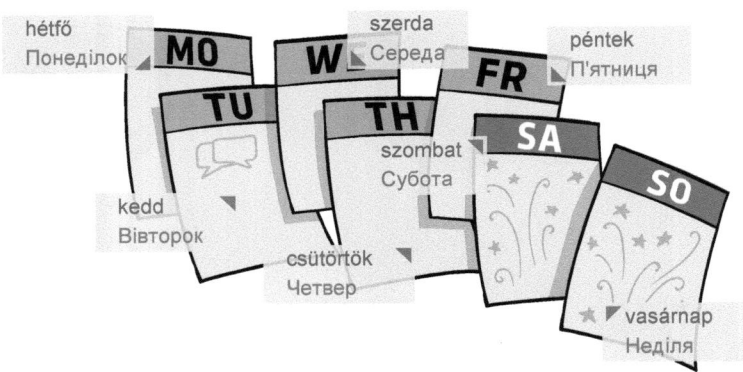

hétfő
Понеділок

szerda
Середа

péntek
П'ятниця

kedd
Вівторок

szombat
Субота

csütörtök
Четвер

vasárnap
Неділя

tegnap

вчора

ma

сьогодні

holnap

завтра

reggel

ранок

dél

опівдні

este

вечір

hétköznap

робочі дні

hétvége

кінець робочого тижня

év

рік

eső
дощ
szivárvány
веселка
hó
сніг
szél
вітер
tavasz
весна
ősz
осінь
nyár
літо
tél
зима

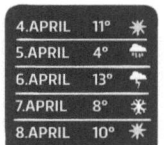

4.APRIL 11°
5.APRIL 4°
6.APRIL 13°
7.APRIL 8°
8.APRIL 10°

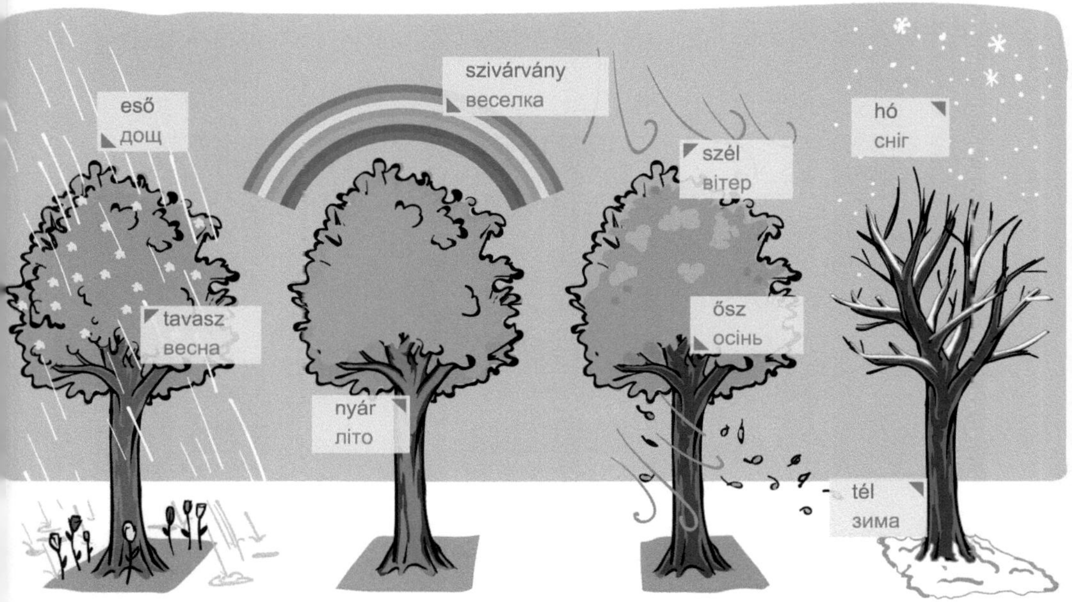

időjárás előrejelzés

прогноз погоди

F
C
120
90
60
30
0
-30
40
30
20
10
0
-10
-20

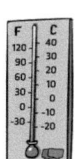

hőmérő

термометр

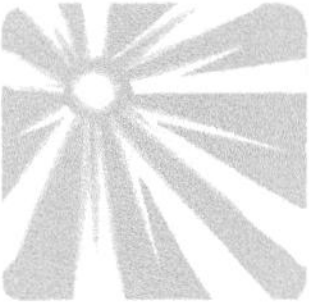

napsütés

сонячне світло

felhő

хмара

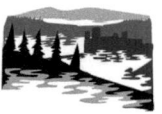

köd

туман

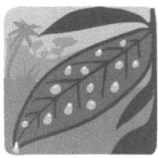

páratartalom

вологість повітря

villámlás

блискавка

mennydörgés

грім

vihar

шторм

jégeső

град

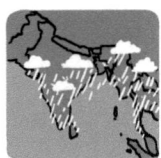

monszun

мусон

áradás

повінь

jég

лід

január

Січень

február

Лютий

március

Березень

április

Квітень

május

Травень

június

Червень

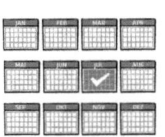

július

Липень

augusztus

Серпень

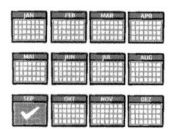

szeptember
....
Вересень

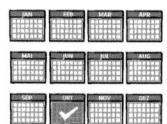

október
....
Жовтень

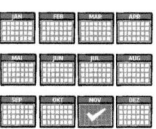

november
....
Листопад

december
....
Грудень

kör
....
круг

négyzet
....
квадрат

téglalap
....
прямокутник

háromszög
....
трикутник

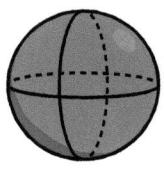

gömb
....
куля

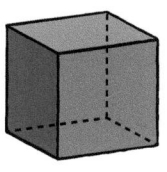

kocka
....
куб

fehér

білий

sárga

жовтий

narancs

помаранчевий

rózsaszín

рожевий

piros

червоний

lila

фіолетовий

kék

синій

zöld

зелений

barna

коричневий

szürke

сірий

fekete

чорний

sok / kevés

багато / мало

mérges / nyugodt

лютий / мирний

szép / csúnya

гарний / бридкий

kezdet / vég

початок / кінець

nagy / kicsi

великий / малий

világos / sötét

світлий / темний

fivér / nővér

брат / сестра

tiszta / koszos

чистий / брудний

teljes / nem teljes

завершений /
незавершений

nappal / éjszaka

день / ніч

halott / élő

мертвий / живий

széles / keskeny

широкий / вузький

ehető / nem ehető

їстівний / неїстівний

gonosz / kedves

злий / дружній

izgatott / unott

збуджений / нудьгуючий

kövér / vékony

товстий / тонкий

első / utolsó

спочатку / востаннє

barát / ellenség

друг / ворог

teli / üres

повний / порожній

kemény / puha

жорсткий / м'який

nehéz / könnyű

важкий / легкий

éhség / szomjúság

голод / спрага

betegség / egészség

хворий / здоровий

illegális / legális

незаконний / законний

intelligens / buta

розумний / дурний

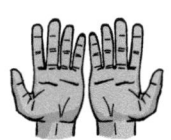

bal / jobb

вліво / вправо

közel / távol

поруч / далеко

új / használt

новий / використаний

semmi / valami

нічого / щось

idős / fiatal

старий / молодий

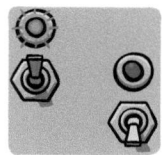

be / ki

вкл / викл

nyitva / zárva

відкрито / закрито

csendes / hangos

тихо / гучно

gazdag / szegény

багатий / бідний

helyes / helytelen

правильно / неправильно

érdes / sima

шорсткий / гладкий

szomorú / vidám

сумний / щасливий

rövid / hosszú

короткий / довгий

lassú / gyors

повільно / швидко

nedves / száraz

вологий / сухий

meleg / hideg

гарячий / холодний

háború / béke

війна / мир

0

nulla

нуль

1

egy

один

2

kettő

два

3

három

три

4

négy

чотири

5

öt

п'ять

6

hat

шість

7

hét

сім

8

nyolc

вісім

9

kilenc

дев'ять

10

tíz

десять

11

tizenegy

одинадцять

12

tizenkettő

дванадцять

13

tizenhárom

тринадцять

14

tizennégy

чотирнадцять

15

tizenöt

п'ятнадцять

16

tizenhat

шістнадцять

17

tizenhét

сімнадцять

18

tizennyolc

вісімнадцять

19

tizenkilenc

дев'ятнадцять

20

húsz

двадцять

100

száz

сто

1.000

ezer

тисяча

1.000.000

millió

мільйон

angol

англійська

amerikai angol

американська англійська

mandarin kínai

китайська
високочиновницька

hindi

хінді

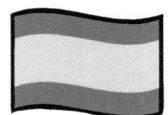

spanyol

іспанська

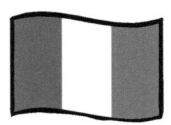

francia

французька

arab

арабська

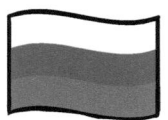

orosz

російська

portugál

португальська

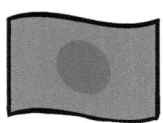

bengáli

бенгальська

német

німецька

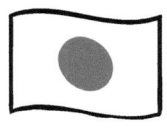

japán

японська

én

я

te

ти

ő

він / вона / воно

mi

ми

ti

ви

ők

вони

ki?

хто?

mi?

що?

hogyan?

як?

hol?

де?

mikor?

коли?

név

ім'я

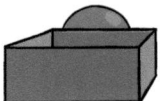

mögött

ззаду

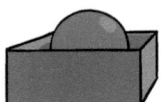

benne

в

elötte

перед

felette

над

rajta

на

alatta

під

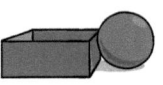

mellett

біля

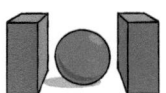

között

між

hely

місце